Für Ruben. Danke, dass du bist, wie du bist!

Originalausgabe
1. Auflage
© 2024 Verlag Friedrich Oetinger GmbH,
Max-Brauer-Allee 34, 22765 Hamburg
Alle Rechte vorbehalten.
Vorbehalten sind ausdrücklich auch alle Rechte
für ein Text und Data Mining,
KI-Training und ähnliche Technologien.
© Text: Anne-Kristin zur Brügge
© Einband und Innenillustrationen: Inka Vigh
Druck und Bindung: Livonia Print SIA,
Jurkalnes iela 15/25, LV-1046 Riga, Lettland
Printed 2024
ISBN 978-3-7512-0518-4
www.oetinger.de

ANNE-KRISTIN ZUR BRÜGGE   INKA VIGH

DAD MAN

MEIN PAPA IST EIN

SUPERHELD!

OETINGER VERLAG · HAMBURG

Wer wird mitten
in der Nacht
gerufen?

... und entschärft die schlimmsten Bomben?

UFF!

Wer hat einen Umhang,
der im Wind flattert,...

... und lässt seine Schützlinge
niemals im Regen stehen?

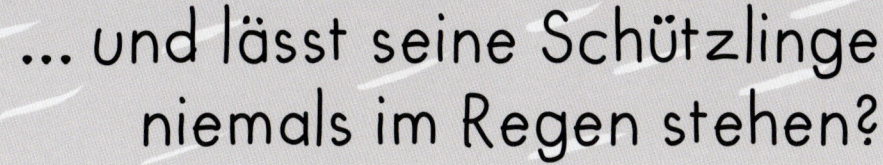

Wer kämpft gegen schreckliche Monster ...

Wer fährt den größten Wagen ...

... und die heißesten Schlitten?

Wer füttert hungrige Raubtiere ...

... und bändigt wilde Löwen?

Wer verfolgt eine heiße Spur ...

Wer kämpft
wie ein Ritter ...

... und lässt die Puppen tanzen?

TÜDELDÜDELDÜÜÜ...

Wer wagt sich in die finstersten Höhlen ...

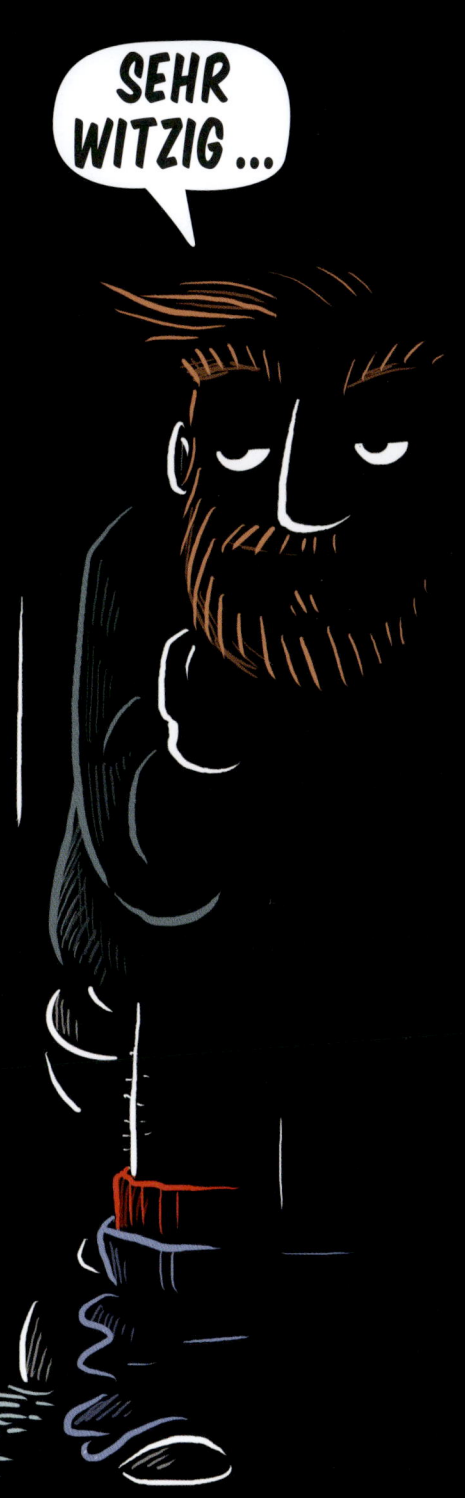

Wer stürzt sich in
reißende Fluten ...

... und bezwingt
wilde Seeungeheuer?

Wer ist Meister der Tarnung ...

... und kennt die besten Verstecke?

Wer überrascht seine Opfer aus dem Hinterhalt ...

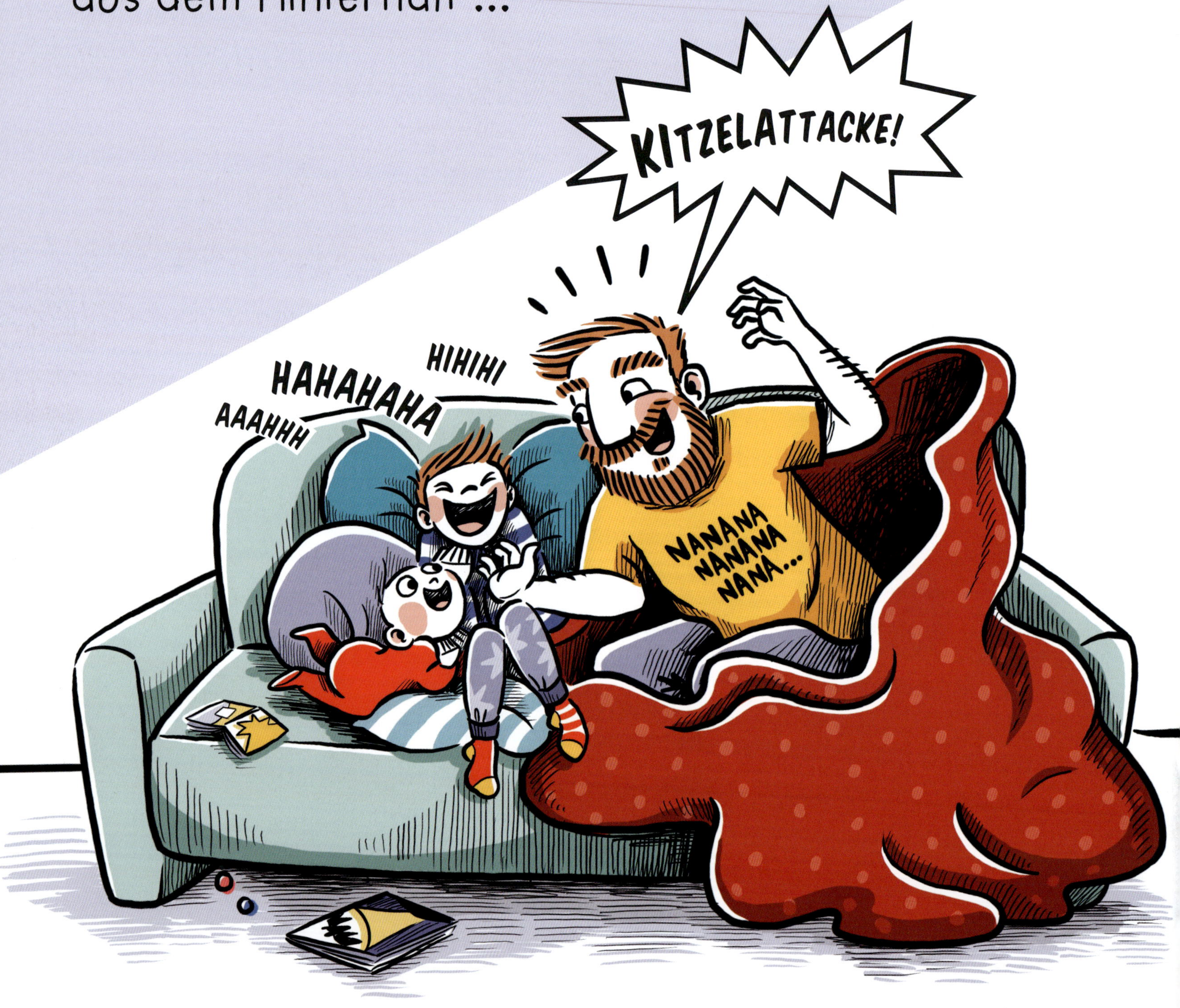

... und hält sie fest,
bis sie sich freiwillig
ergeben?

Wer entführt
seine Fans
in fantastische
Welten ...

Na ja, fast nie ...

GUTE NACHT,
DADMAN!

z z zz

zz

Anne-Kristin zur Brügge
Inka Vigh
DADMAN.
MEIN PAPA IST EIN
SUPERHELD!
ISBN 978-3-7512-0518-4

------ ------ ------ ------

------ ------ ------ ------

------ ------ ------ ------

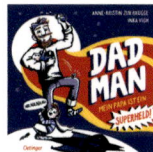

Anne-Kristin zur Brügge
Inka Vigh
DADMAN.
MEIN PAPA IST EIN
SUPERHELD!
ISBN 978-3-7512-0518-4

------ ------ ------ ------

------ ------ ------ ------

------ ------ ------ ------

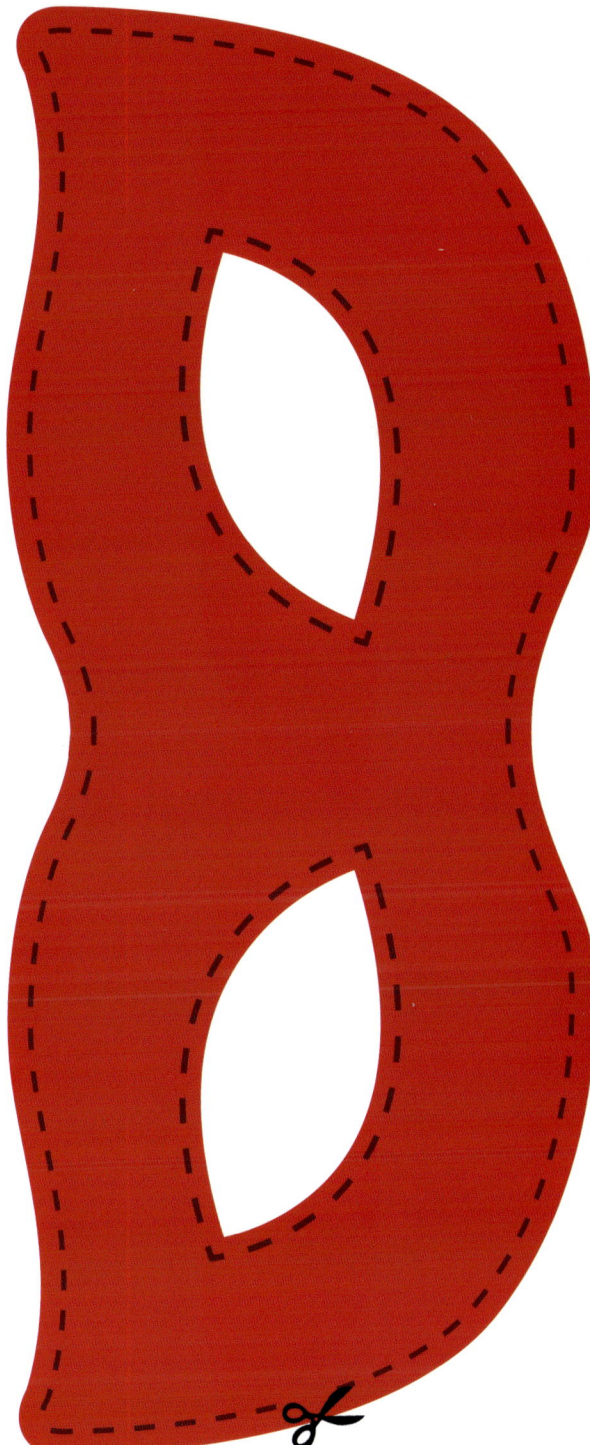

SUPERHELDEN
OHNE UMHANG
NENNT MAN
PAPA

Du bist mein
HELD!

SEI IMMER DU SELBST!
AUSSER DU KANNST
DADMAN SEIN,
DANN SEI DADMAN!

Auch
SUPERHELDEN
müssen schlafen!

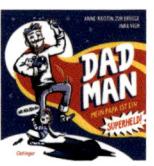 Anne-Kristin zur Brügge
Inka Vigh
DADMAN.
MEIN PAPA IST EIN
SUPERHELD!
ISBN 978-3-7512-0518-4

- - - - - - - - - - - -

- - - - - - - - - - - -

- - - - - - - - - - - -

 Anne-Kristin zur Brügge
Inka Vigh
DADMAN.
MEIN PAPA IST EIN
SUPERHELD!
ISBN 978-3-7512-0518-4

- - - - - - - - - - - -

- - - - - - - - - - - -

- - - - - - - - - - - -

NA NA NA NA
NA NA NA NA
... DADMAN!

MEIN PAPA IST EIN SUPERHELD, ...

... weil er so toll bauen kann und mit uns Verstecken spielt.

Tjark, 6, und Thore, 4

... WEIL ER DER BESTE KITZELPAPA IST.

Caroline, 7

... weil er immer alle Reste aufisst.

Martha, 7

... WEIL ER EIN TOLLES KLETTERGERÜST IST UND MIT MIR EINHORN SPIELT.

Anna, 6

... weil er mit mir sechs Bücher vorm Schlafen liest.

Hannes, 3

... weil er mit mir im Bett Fußballergebnisse checkt und die besten Höhlen baut.

Philip, 8

... WEIL ER DIE BESTE ZITRONEN-TARTE BACKEN KANN.

Theresa, 9, und Gregor, 6

... weil er Mamas Herz gestohlen hat.

♥ Helena, 5

... WEIL ER SO KUSCHELICHE HAARE HAT.

Juna, 3

... weil er (fast) alles reparieren kann und so toll über Flachwitze lacht.

Anne-Kristin, 40

MEIN PAPA IST EIN SUPERHELD, WEIL ...

Jetzt bist du dran, male oder schreibe auf:

ANNE-KRISTIN ZUR BRÜGGE

Anne-Kristin zur Brügge kommt aus einem winzig kleinen Dörfchen in Norddeutschland und wollte eigentlich Journalistin bei der Klatschpresse werden. Doch bei einem Praktikum in einem Kinderbuchverlag hat sie gemerkt, dass sie dort ihre Vorliebe für Flachwitze viel besser zum Einsatz bringen kann. Seitdem arbeitet sie als Projektmanagerin im Verlag und denkt sich nebenbei auch selbst Geschichten aus. Ihre zwei Kinder finden sie meistens witzig, ihr Mann so mittel. Aber dieses Buch muss er einfach lieben. Schließlich ist er ein echter DADMAN!

INKA VIGH

Inka Vigh wurde nach ihrem Designstudium in die Riege der Kreativ-Helden aufgenommen. Mit ihrer Super-Kritzel-Power verteilt sie seither Farbe und Fantasie von ihrem Hauptquartier in Mainz aus. Mit ihren drei Kindern und ihrem Mann bezwingt sie Seite an Seite die Alltags-Monster, die ihnen jeden einzelnen Tag zu vermiesen versuchen. Mit Quatsch, Musik und Farbe gelingt es ihnen immer aufs Neue, sie in die Flucht zu schlagen.